BÉISBOL

BÉISBOL: REGLAS DEL JUEGO

BRYANT LLOYD

TRADUCIDO POR
OLGA DUQUE

Rourke Publishing LLC
Vero Beach, Florida 32964

PHOTO CREDITS:
All photos © Lynn M. Stone except p. 22 © Rob Simpson

EDITORIAL SERVICES:
Versal Editorial Group
www.versalgroup.com

Library of Congress Cataloging-in-Publication Data

Lloyd, Bryant. 1942-
   Béisbol: Reglas del juego / Bryant Lloyd.
     p. cm. — (Béisbol)
   Includes index.
   Summary: Discusses two essential elements of the game of baseball: the field on which the game is played and the equipment used in the game.
   ISBN 1-58952-447-0
   1. Baseball fields—Juvenile literature. 2. Baseball—Equipment and supplies—Juvenile literature. [1. Baseball fields. 2. Baseball—Equipment and supplies.]
I. Title II. Series: Lloyd, Bryant. 1942- Baseball.
GV1102.7.P75L56 1998
796.8—dc21

Printed in the USA

TABLA DE CONTENIDO

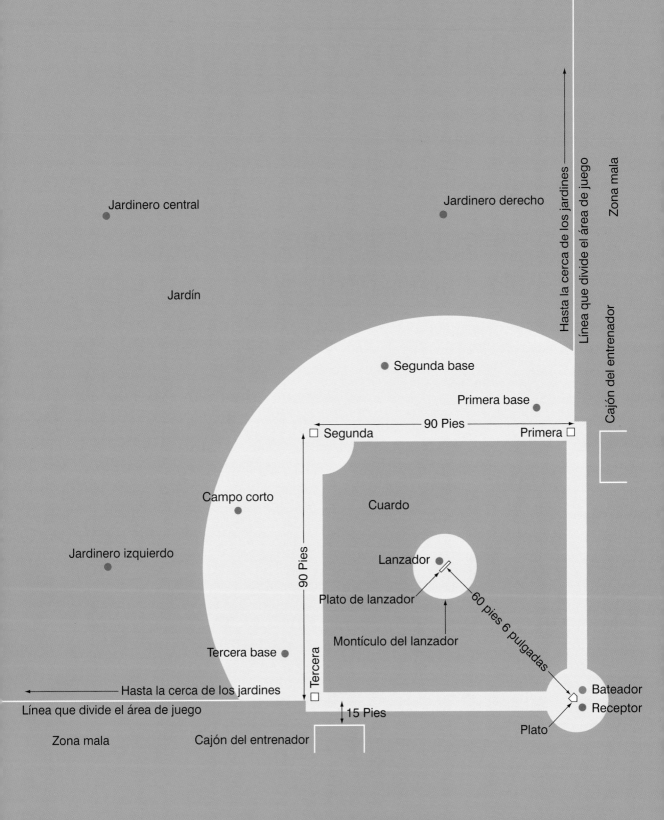

Jardinero central

Jardinero derecho

Jardín

Hasta la cerca de los jardines

Línea que divide el área de juego

Zona mala

Cajón del entrenador

Segunda base

Primera base

90 Pies

Segunda

Primera

Campo corto

Cuardo

90 Pies

Jardinero izquierdo

Lanzador

60 pies 6 pulgadas

Plato de lanzador

Montículo del lanzador

Tercera base

Tercera

Bateador

Receptor

Hasta la cerca de los jardines

Plato

Línea que divide el área de juego

15 Pies

Zona mala

Cajón del entrenador

EL CAMPO DE JUEGO

El béisbol se juega entre dos equipos de nueve jugadores cada uno, en un terreno plano con forma de abanico.

El campo de juego se divide en dos territorios, uno bueno y otro malo, en cuadro y jardines. El cuadro está limitado por las cuatro bases.

La base que inicia el cuadro y el abanico es el plato. Juntas, las bases forman un diamante dentro del campo de juego.

Los jardines son las zonas fuera del cuadro. El fondo de los jardines está rodeado por una cerca o un muro.

Algunas muchachas juegan béisbol. Un juego similar al béisbol, el softbol, es muy popular entre las muchachas. El softbol usa una pelota más grande y suave, y la distancia entre bases es más corta que la regulada para un campo de béisbol.

Este diagrama muestra la composición básica de un campo de béisbol profesional.

LOS EQUIPOS

Un equipo de nueve jugadores, llamado **equipo a la defensiva**, juega en el campo. El otro equipo está "al bate" o a la ofensiva. El equipo visitador siempre batea primero.

El equipo al bate envía un jugador al plato a batear. Ese jugador se llama bateador. Los bateadores siguen un orden determinado por un entrenador o por el director.

Esperando un toque de bola, el tercera base (derecha) y el primera base (izquierda) corren hacia delante en cuanto el lanzador tira hacia el plato.

Un bateador le tira a una pelota durante un juego de las Ligas Menores.

El equipo al bate usa a los bateadores en su orden al bate o alineación. Cada bateador puede alcanzar una base o ser *out*. Sólo el equipo al bate, el **equipo a la ofensiva**, puede anotar carreras.

EL LANZADOR Y EL RECEPTOR

Uno de los nueve jugadores a la ofensiva es el lanzador. Desde un ligero montículo de tierra hacia el plato, el lanzador lanza la pelota a un compañero de equipo llamado receptor. En un juego de béisbol reglamentario, el lanzador tira a una distancia de 60.5 pies (unos 18 metros).

El receptor se acuclilla detrás del plato. El bateador se para al lado del plato. El bateador puede tirarle a la pelota o dejar que ésta siga hasta el receptor.

El receptor espera el lanzamiento mientras el bateador se prepara para tirarle. El árbitro se agacha detrás del receptor para ver mejor el lanzamiento.

LANZAMIENTOS BUENOS

Cada lanzamiento se puede batear o se puede contar como **bola mala** o como **bola buena** o *strike*. Si se le cantan tres bolas buenas a un bateador, éste es *out* y tiene que irse del plato. Las pelotas que se batean hacia territorio malo o *foul* también se cuentan como bolas buenas, excepto en el caso de que sea la tercera bola buena o *strike*.

La **zona de bola buena** es el área sobre el plato comprendida entre los hombros y las rodillas del bateador. La bola buena es cantada si un lanzamiento pasa por la zona de bola buena y no es bateado. También se canta una bola buena si el bateador le tira a cualquier bola y falla.

Los juegos de las Ligas Menores tienen seis entradas. Los juegos de las Grandes Ligas tienen nueve entradas. Los juegos de la enseñanza media pueden tener 7 o 9 entradas. Muchos juegos en la enseñanza superior son de nueve entradas.

Un bateador observa un lanzamiento a la altura del estómago pero decide no tirarle. El árbitro decidirá si estaba dentro o fuera de la zona del plato.

PONCHES Y BASE POR BOLAS

Se ponchan los bateadores cuando se les cantan tres bolas buenas (strikes). A los lanzadores les gusta ponchar pero no les gusta dar **bases por bolas**.

El bateador se echa hacia atrás (¡rápido!) para evitar ser golpeado por un lanzamiento muy pegado.

Este bateador roza la pelota ligeramente y ésta se eleva hacia arriba y atrás (un foul). Un lanzamiento se cuenta como foul, si es el primero o el segundo, no así el tercer lanzamiento, excepto en el caso de un toque de bola.

El **árbitro** cuenta como bolas los lanzamientos que no se batean y que caen fuera de la zona buena. A un bateador que recibe cuatro bolas malas le corresponde una "base por bolas". El bateador que recibe la base, va a primera base, convirtiéndose en un corredor en base sin haber bateado la pelota.

DEFENSORES

El lanzador y el receptor son defensores. Éstos son jugadores a la defensiva en el campo. Su tarea es capturar la pelota cuando un bateador batea.

Otros defensores del cuadro son el de primera base, segunda base, el campo corto y tercera base. Los tres jardineros son el jardinero izquierdo, el jardinero central y el jardinero derecho. En ocasiones, un equipo puede mover a un jugador dentro del cuadro y hacia los jardines y convertirlo en jardinero.

Un juego profesional dura nueve entradas o más, sin importar el número de carreras de cada equipo. En ligas de amateurs, una "regla de misericordia" puede detener juegos muy desbalanceados después de la quinta entrada, si un equipo supera al otro en 10 carreras o más.

Un jugador a la defensiva nunca quiere hacer un tiro lento a una base. ¡Un tiro con energía! como el de este defensor, tiene más posibilidades de sacar out al corredor.

OUTS

Un ponche es una de las formas en que un bateador puede ser puesto *out*. El equipo al bate tiene derecho a tres *outs* cada vez que le toca batear.

Un bateador es puesto *out* cuando un defensor captura la pelota que éste batea por el aire. Muchos *outs* se producen sobre bolas que se batean por el suelo (roletazos). Un jugador de cuadro puede recoger la bola que pica y tirársela al primera base. Si el tiro llega al guante del primera base antes que el pie del corredor toque la primera almohadilla, el bateador es *out*.

¡El corredor va hacia primera! Si el tiro del jugador del campo corto al primera base llega antes que el corredor a la base, el corredor es out. *El primera base tiene que tener un pie sobre la almohadilla al capturar la pelota.*

ENTRADAS

Un bateador que alcanza la primera, la
segunda o la tercera base, es un corredor en
base. Los equipos se preparan para anotar
carreras poniendo corredores en las bases. Un
corredor en base puede ser *out,* sin embargo,
cuando el siguiente bateador batea. Un defensor
puede tirar a la base que el corredor que está en
base está tratando de alcanzar y ponerlo *out*. Si
el batazo le gana al corredor o el defensor que
capturó la bola toca al corredor con ella,
también es *out* el corredor.

*Un corredor llega quieto a la segunda base, debido a que el defensor
del campo corto salió de la base para capturar el tiro.*

Un buen defensor está siempre atento y listo para enfrentar al próximo bateador.

Se ha jugado media entrada después que un equipo al bate recibe tres outs, por cualquier vía que sea. Después que el otro equipo batea y se le sacan tres *outs*, se ha jugado una entrada completa.

LAS CARRERAS

La meta de un equipo en un juego de béisbol es anotar más carreras que el otro equipo.

Una carrera se anota cuando un corredor en base alcanza el plato después de haber tocado las tres bases anteriores.

Un **batazo de vuelta completa (jonrón)** es una bola que se batea y se va fuera del campo de juego por territorio bueno. Todos los jugadores que están en bases anotan delante del corredor que bateó el batazo de vuelta completa.

El jugador que batea un batazo de vuelta completa, anota inmediatamente después de pasar por todas las bases.

La gran popularidad del béisbol ha hecho que se llame el "Pasatiempo Nacional" desde hace muchos años. Los niños comienzan a jugar béisbol organizado desde los cinco años.

Tirarle fuerte a la pelota ayuda a los bateadores a batear batazos de vuelta completa y a impulsar carreras.

GLOSARIO

árbitro — es cualquiera de los oficiales en el campo que controlan el cumplimiento del reglamento y deciden si las bolas son buenas o malas, si pican en territorio bueno o malo, si un corredor es quieto o es out, etc.

batazo de vuelta completa (jonrón) — un batazo de cuatro b ases en el cual, generalmente, el bateador envía la pelota fuera del parque por territorio bueno

base por bolas — cuando el lanzador hace cuatro lanzamientos que no caen en la zona buena (zona de strikes), el bateador de turno avanza a la primera base

bola mala — un lanzamiento al que el bateador no le tira y que no pasa por la zona buena o zona de *strike*

bola buena (strike) — es un lanzamiento que el bateador trata de batear pero falla o lo batea hacia territorio malo o *foul*; también, un lanzamiento en la zona buena y al que el bateador no le tira

equipo a la defensiva — el equipo que está al campo tratando de evitar que los bateadores del equipo contrario anoten

equipo a la ofensiva — el equipo que tiene turno al bate y está tratando de anotar carreras

zona de bola buena — es la zona encima del plato, entre los hombros y las rodillas del bateador

Un árbitro controla que el juego se realice de acuerdo con el reglamento y que el plato esté completamente limpio.

ÍNDICE